著

我是怎样培养一个中不溜秋孩子的

上海教育出版社
SHANGHAI EDUCATIONAL
PUBLISHING HOUSE

钱文忠

    这是我的好友周彪先生育子、教子的经历和心得，读来自有妙趣，又启人深思。鲁迅先生"我们现在怎样做父亲"提出的是一个与人类相始终的永恒问题。这里就是周彪先生的回应。周彪先生称其公子子云世兄为"中不溜秋"的孩子，而今，子云世兄已被美国纽约大学录取。"中不溜秋"之"中"，实在深意在焉。"中"也者，岂仅"高中"乎？

2020 年 6 月

儿童青少年心理教育专家 / 陈默

2018 年有一次同一位 "00" 年少年做客一档电视节目，该少年当时留给我的印象：镜头前本色表现，轻松自如，侃侃而谈。我心想：这孩子的父母一定是淡定自信者，从孩子的身上是看得到父母的教养特点的。我记住了这个小朋友的名字——周子云。

没想到周子云的父亲在儿子 18 岁时写了一本育儿经验谈的书，找到我给书作个序，我欣然允诺。

老周就是想把培育小周过程中的感受告诉大家，他的经验值得大多数家长听一听。因为小周是个学习成绩中不溜秋的孩子，中不溜秋的小周考进了美国纽约大学。小周是马拉松最后冲线者，笑在最后者。

　　陪伴小周一路成长的家长是怎么走过来的？小周成功进入世界名校，到底有啥高招？我迫不及待地想读这本书。

　　掩卷思忖，小周的人格健康，综合素质良好，是缘于家长正确的教育观念，家庭教育如果是船的话，观念就是方向，方向正确了才能到达彼岸。为什么有的家庭在育儿上的金钱、时间代价巨大，但是最后不能如愿呢？问题恐怕出在了观念上。

　　老周不急，懂得孩子长大需要等待，老周夫妇不把自己的焦虑传递给孩子；在电视台大灯光前放松自如的孩子，没有承载家长的焦虑；如果有焦虑不堪、反复叮嘱、一百个不放心的爸妈，孩子就不可能这么淡定了。

　　老周夫妇懂得欣赏自己的孩子，欣赏自己孩子的优点，懂得安抚孩子，不会揪着孩子的短板数落不停。

老天给了自己这样一个孩子，就是给了自己宝贝。孩子没嫌弃家长，没要求家长，家长为什么要对自己的孩子不满意呢？

　　老周夫妇的教育观念是：让孩子充分释放天性，让他成为一个他自己想成为的人，能与他人合作，愿为他人奉献，人格健全的人。

　　在这种教育观念之下，孩子该乐的时候乐，该疯的时候疯，家长鼓励孩子与同学交往，宽以待人，不斤斤计较；鼓励孩子用大心胸大眼光看世界，而不是只盯着自己的考分。

　　小周的结果证明了老周夫妇育儿观念的正确，家庭教育的核心任务是培养孩子健康的人格。

　　老周夫妇的价值取向、经验和方法值得推崇，中不溜秋的孩子是大多数。

　　老周不是教育专家，工作之余写一本育儿的书实在是有感而发，不得不发了。

　　本书图文并茂，也是老周考虑到工作忙碌、快节奏的家长随手翻翻的方便。本书阅一阅，有益于家长。

2020 年 6 月

目录

1

3

前言

前　言

儿子刚刚被美国纽约大学提前录取了，这让我们全家非常高兴，很多亲朋好友都来祝贺。

说实话，他这次能够被纽约大学录取，多少有点出乎我的意料。为什么？因为纽约大学是美国一所排名前 30 的新常春藤大学，虽比不上哈佛、普林斯顿等老牌常春藤大学，但它位于国际大都市纽约的市中心，又涌现过三十多位诺贝尔奖教授，属于世界一流的潮牌综合性大学，其对新生的入学要求相当高。

我的儿子从小到大就是一个中不溜秋的孩子，学习成绩在班级是中游水平，更不用提在年级的排名了。

从小到大

　　14 岁时，他被我们"扔"到美国一个人读初中，在我们身边
接受管教的时间就更少了。我们对他的叮咛嘱咐尽管绵绵不绝，
持续不断，但基本上就是隔空对话，鞭长莫及。

因此，这次儿子能够通过 ED（early decision，美国大学一种具有约束力的提前录取途径），一举中的，提前半年被纽约大学录取，而学校里很多成绩比他好的同学都没有被录取，我想我只能用"成功逆袭"一词来形容他。

那么，是什么法力把中等生送进了纽约大学？

不少熟悉的朋友都好奇地来问我，看你平时对他管理松松垮垮，放任自流，你究竟有什么法力把一个中不溜秋的孩子提前送进纽约大学？

我仔细回顾了一下他的成长经历，发现确实挺有意思。如果用一句话来简单概括，那就是：放下不放弃，不走寻常路。

　　我和他妈妈对他的管理确实有点与众不同。我们没有学过教育学，也不懂什么育儿经，一切都凭自己的直觉，佛系教子。

因为没有时间系统整理，我就把想到的故事一个一个"晒"出来，希望与各位望子成龙的家长分享交流。

由于每个家庭的实际情况不同，每位家长的承受力也不同，每个小朋友的性格特质更是因人而异，所以我这里说的，各位看官也就姑且听之，权当一种茶余饭后的消遣，因为很难如法复制。

当然，如果能对你有所启发或裨益，那就最好了。

一

为什么说他是一个中不溜秋的孩子

小学连小队长也没做过

我的儿子从小学一年级起到五年级毕业，没有做过一天小队长，对照我们今天的好学生标准，绝对属于"落后分子"。

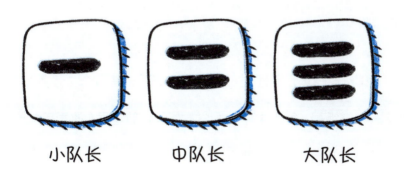

小队长　　　中队长　　　大队长

当时他们全班 28 位同学，有大队长、中队长、小队长"名头"的多达 21 位。

他唯一在班上担任过的"一官半职"，是两个"劳务型工种"——端饭员（每天中午为同学端饭）和节电员（放学后关灯，他好像有次忘记关灯，还被免了职）。

端饭员

节电员

年年竞选小队长，屡战屡败

你说他不想当小干部吧，其实他内心非常地渴望。每个学期他都积极参加小队长的竞选，还偷偷地写了竞选演讲稿。其中"可怜乞求"的话语，我至今还记得。比如：我请求同学们让我当一次小队长，我一定好好表现自己。如果我当选了小队长，我保证以身作则，管好自己，听老师的话，等等。只是他屡战屡败，没有一次当选。

竞选稿

如果我当选了小队长，
我保证以身作则，管好自己，
听老师的话！

儿子就差拉票了。可为什么还是选不上？我私下里问他的同学。他们告诉我，主要是他不守纪律，几乎天天要被老师批评。

四年级了，上课时他还坐不住，有一次竟然离开课桌走了出来，后果当然是被罚"立壁角"（沪语，意为"站在角落"）。

被罚了……

所以在同学们的心中，他的印象分很低，大家很难投他的票。

只有一位"女铁粉"支持他

当然他也有"铁粉"，就一个，是位女同学。竞选时如果只获得一票，就是她投的。

她是我们的隔壁邻居。只是后来因为儿子"大义灭亲"，查处这位"女铁粉"做眼保健操时睁眼睛，导致双方"绝交"。为这事我没少批评他。

学习成绩始终在班级中游

刚才说了他从小没有进过班干部序列，令人遗憾。现在说说他的学习成绩。小学时他的学习总成绩排名从来没有进过班级前十名，初中预备班时也一样，始终在十五六位的中游区域徘徊。

　　偶尔有一个单项成绩进入班级前五名，我们全家就会欢呼

雀跃。

他让复旦大学毕业的父母非常郁闷

这种状况让我和他妈妈非常郁闷，因为我们两个都是复旦大学毕业，不敢说自己是学霸，但是从小到大，学习成绩在班级里名列前茅，而且非常自觉、勤奋，不用家长督促。想想儿子再怎么着，总应该能够遗传一点我们的基因的吧！

可结果偏偏就打脸，理想与现实之间差距太大。他做作业，明明 10 分钟可以结束的，却总是要拖上半小时；桌子上经常是右边放一把木头手枪，左边放一把玩具大刀，脚底下还踩着一只皮球，滚来滚去。

丢三落四，东张西望，拖拖拉拉，心不在焉，是他的常态标志。做作业时，只要房间外面发出任何声响，他都会跑出来问怎么回事。还有最关键的是，他对自己学习成绩位居中游没有丝毫紧迫感。

从不为学习成绩落后吃不下饭

一次放学，他忘了把要订正的考卷带回来，幸亏隔壁"铁粉"女同学的外婆热心，帮他拿回来送到我家。正好是吃晚饭的时候，我就问："你家小朋友好吗？"外婆说不好，正在生闷气，不肯吃晚饭。我连忙问怎么回事，外婆说她这次数学考得不好，91分，不开心。

我刚想安慰几句，想不到儿子窜到前面，用充满疑惑的语气问："91分为什么还生气不肯吃晚饭？我80分都已经吃好了。"

真是又好气又好笑，把我的脸都丢尽了。

二 / 碰到中不溜秋的孩子怎么办

咆哮怒吼会影响"建筑安全"

碰到这样一个熊孩子,你怎么办?

始终保持和颜悦色?不可能。
整天唉声叹息?也不行。
而长期咆哮怒吼我们也吃不消,
还会影响"建筑安全"。

儿子曾经在作文《我的妈妈》中写到："我的妈妈美丽温柔又大方，但是她发起火来，整栋房子都在发抖。"

这让我想到网络上流传的"陪娃写作业的爸妈都要吃救心丸"。反正十八般武艺都试过了,儿子还是"千磨万击还坚劲,任尔东西南北风",软硬不吃,学习成绩就是中不溜秋。

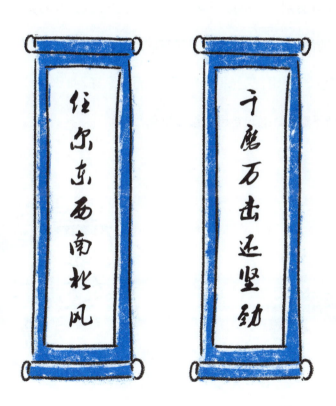

"决不能输在起跑线上"让人重度忧郁

眼看着别人家的孩子学习上遥遥领先，天天受老师表扬，手机上满屏都是"绝不能让孩子输在起跑线上"这样的字眼，我们当时心里那个急啊，只觉得焦躁不安，五味杂陈，恨铁不成钢，看他什么都不顺眼，绝对要患上重度忧郁症了。

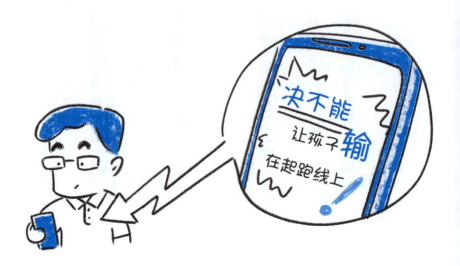

路边鼓掌的小女孩启发我们

我们度过了一段很煎熬的日子。一次，朋友推荐我们看一篇育儿文章，说的是一个 12 岁的女孩，学习成绩一直是全班 23 名，但她健康快乐，热心助人。她最大的理想不是当英雄，而是当一名坐在路边为"奔跑英雄"鼓掌的观众。她的父母很宽容，觉得孩子如果健康快乐，没有违背自己的心意，又何妨让她做一个善良的普通人？这个故事给了我们启发，让我们茅塞顿开。

最大的理想是当一名坐在路边为"奔跑英雄"鼓掌的观众。

这个故事给了我们不少启发。

成绩是评判孩子成长的唯一标准吗

既然我们的孩子在学业成绩上始终位居中游，不能如我们所愿，那我们家长为什么非要和孩子在学习成绩上较劲，搞得剑拔弩张？为什么我们就不能放下烦恼，轻松上阵，培养和发挥孩子其他方面的长处，让他健康快乐地成长？学业的好坏是评判孩子成长的唯一标准吗？

学业的好坏是评判孩子
成长的唯一标准吗？

不想当将军的士兵也是好战士

孩子如果是学霸天才，那固然好，求之不得。但毕竟能成为学霸的人凤毛麟角，大部分孩子是平凡之人。不想当将军的士兵，或者当不上将军的士兵，其实也是好战士。难道我们就因为自己的孩子学业成绩平平就自怨自艾，茶饭不香，让整个家庭笼罩在焦虑与重压之下？那对孩子的心理会造成什么影响？我们的生活还有什么乐趣？

不想当将军的士兵
其实也是好战士。

苏东坡给我们做心灵 SPA

苏东坡曾经在一首诗里这样写："胜固欣然，败亦可喜。优哉游哉，聊复尔耳。"意思是说，你胜利了，自然会高兴，但即使失败了，也可以高兴啊。人生本来就是自由自在的，更何况像你这样的人。我觉得一千多年前的这位老先生在诗里写的这些话，好像就是用来给我们今天这些望子成龙、望女成凤的家长做心灵 SPA

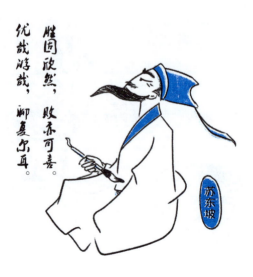

的。我的儿子在学习成绩上尽管不能拔得头筹，但也没有失败啊，更何况他身上还有很多在我看来是优点的潜质。人生就是马拉松，起跑慢了有什么关系？以后可以加速，可以后发制人啊。马拉松即使不拿名次，能坚持跑到终点，也是一种胜利。

有什么比孩子健康快乐更重要的？既然老天给了你这么一个孩子，我们家长就要坦然接受，学会放下，不能老给自己添堵，给孩子重压。

三／中不溜秋的孩子身上也有很多优点

"瘌痢头儿子，自家好"

放下了"唯成绩是论"的心魔，我忽然觉得，退一步海阔天空。

当然，放下不是放弃，而是让我用一种更加全面的发展观来看待自己的孩子。

上海人有句俗语，叫"瘌痢头儿子，自家好"，意思更直接，就是说儿子即便再丑，爹妈也喜欢。

以往我们看孩子老是盯着他的学习成绩，见"分"不见人，搞得家长自己都快成祥林嫂了，整天愁眉苦脸，唠唠叨叨。其实，每个孩子都是天使，都是家长的宝贝，都是独特的个体，我们大可不必人云亦云，随波逐流。野百合也有春天，我就是要让儿子健康、快乐、自信地成长。

"你在老爸眼里就是全班第一"

学会了放下，人也就释然了。关于成绩排名，我和儿子说，你不要再去理会班上那些排名了，你在老爸眼里就是全班第一。

他一头雾水，问我为什么。我告诉他："除了你，你们班上其他人都在外面补课，只有你从不参加补课。你想想，排在你前面这么多人都是补过课的，你和他们比，不公平。而你后面还有那么多人也是补过课的，还不如你。你想想自己有多厉害？你要是去补一下，那还了得？不就轻轻松松拿第一了吗？"

48

儿子好像有些听明白了，那张愁眉苦脸的小脸，一下子就笑逐颜开，两眼透出光芒，看得我挺感动的。似乎一个苦大仇深的穷孩子，一下子遇到了解救他的解放军。

如果成绩排名垫底就要"吃生活"

不过,我也告诫他:"你现在在老爸眼里是全班第一,但也不可以骄傲。什么时候考试分数出来了,你成倒数第一了,后面一个人也没有,那就要"吃生活"(沪语,意为"挨揍")了。

他连连点头，保证决不落后。一次，他考试回来有点垂头丧气，我问他怎么了，他说考砸了。我说砸到什么情况，他说最后了。我就顺势举起手，说和你约定过的，最后一名就要不客气了。

他连忙抱住头讨饶说，后面还有人。我问还有几个，他说还有一个。原来他考了倒数第二。

"好，还有人，且饶你一回。"我的手就没有再落下。

什么课都喜欢举手发言

不再纠结于儿子学习成绩排名的同时，我开始努力寻找他身上的优点和长处。我发现儿子身上有很多特点，非常可爱。

比如说，他好表达。无论上什么课，他都喜欢积极举手发言，老师不叫他，他就一直把手举着，非要你叫他。

一次上公开课，他兴奋过头，频频举手，举到后来人都站起来了，变成扰乱课堂秩序了，搞得任课老师都有点下不了台。

最喜欢把家里东西拿出去分享

又比如，他热爱集体，热心助人。只要老师说到，而且自己家

里有的物品，他就一定会拿出去分享。老师讲课说到奥斯卡金像

同学们，这就是奥斯卡奖的"小金人"。

54

奖，同学们没见过"小金人"，他就把家人在美国旅游时买的"小金人"带到学校，让老师给大家分享（至今没有收回）。老师讲到唐三彩，他又把家里的一套唐三彩带到学校，给同学们讲解，哪

怕拿回来时一条马腿折断了也在所不惜。看到腿脚骨折的同学上

学，他也会主动帮同学背书包、提袋子。

担任"公职"大义灭亲

　　而他担任"公职"时那种"大义灭亲""舍身为公"的气质，也着实令人哭笑不得。小学四年级时，班级实行轮流班长制，让每位小朋友当一天轮值班长。这对于从未尝过当"官"滋味的他来说，是极大的诱惑和荣誉。

那天当"官"回家后，他说话的声音都有点异样了。他对妈妈说，当班干部的感觉就是好啊。

他说做眼保健操的时候，他是班长，可以在教室里巡逻，监督别人；今天走到他的"女铁粉"桌子前，发现她居然睁着眼睛朝他做鬼脸，这不是对他班长权威的公然挑衅吗？他当场就"大义灭

亲"，在黑板违纪栏里写上她的名字，气得这位唯一的"女粉"立

马宣布和他"绝交"。

监管过度有可能"因公留级"

他说当天还发现不少同学上课时开小差，语文课上谁谁谁在赶数学作业，数学课上谁谁谁在看窗外风景，英语课上谁谁谁在做小动作。他说他会随时拿出记事本，给他们扣分。

有没有同学看风景？

有没有同学做小动作？

上课时

他妈妈慌了。

我们都倒吸一口冷气，幸亏儿子只当一天班长，要是当一个学期的班长，岂不要"因公留级"啊？

最喜欢上语文课和写作文

他最喜欢上语文课，写作文。他说老师经常在语文课上朗读他的作文，而且文章里很多段落都被老师用红笔划出来。这是他最高光的时刻，和我们说起来时一脸的满足和享受。

儿子有写作爱好，我当然全力支持。五年级的时候，元宵节时，班级要开主题班会，他主动挑大梁，担任主题班会的总导演。

他回来问我元宵节的来历，说要编一个小品。我给他讲了元宵节的来历，也说了一段野史，说袁世凯当皇帝后不让人叫元宵节，因为"元宵"的读音听上去像"袁消"，不吉利，规定老百姓只许叫汤圆节。

他听了大感兴趣，就编了一个小品《元宵与"袁消"》。

又是选演员，又是忙排练，足足一个星期，主题班会终于在元宵节当天举行了。

自编自导自演原来有私心

晚上，我问他小品演得怎么样，他非常得意地说很好，自编自导自演，全班评分第一，同学们都非常喜欢。然后他神秘兮兮地和我说，这次他演皇帝袁世凯，还选了班上 6 个女同学演皇后、嫔妃和宫女。

我演皇帝袁世凯，选了班上6个女同学演皇后、嫔妃和宫女。

我问他是哪 6 个女同学，他一一报出名来，都是大队长、中队长和小队长，而且全是班上漂亮的女生。

他说，这次他是导演，这些女生都得听他指挥，都叫他"皇上"，说完眼睛笑得眯成了一条缝。

想不到他居然利用职权，假公济私，妥妥地过了一把"皇帝瘾"，还"领导"了班上一众漂亮的女班干部。

真是鬼马精灵。

四

如何面对不合理的教育现象

在儿子成长的过程中，我们遇到一些不合理的现象，非常困惑。我不明白现在学校里的一些教学方法、规章制度是怎么制订的。一些不可思议的做法在一些学校依然存在。

操场这么大，为啥不让奔

比如规定小朋友下课后不能到操场上去玩。一次，在家长联系册上，老师给我们写了一段话："你儿子今天下课时在操场上乱奔，已经被批评了，希望家长加强教育。"我纳闷了，为什么操场上不能奔跑？

我问儿子这是怎么回事。他说老师规定的，下课后上完厕所，就要回到教室里坐好，不许他们跑。我问他："那你为什么到操场上去跑？"儿子看了我一眼，说："操场很大哎。"我当场就夸奖他："回答正确！"

看孩子回答得多自然。活泼好动是孩子的天性，下课后看到偌大的操场，就像一头小鹿撒欢跑起来，难道不对吗？但我也提醒他："在操场上奔跑要注意安全，爸爸不批评你。"

你想想，一个小男孩，老是让他坐着不动，课间休息都不能活动筋骨，那不是要变成一根木头吗？操场这么大，就是让你奔跑的！

操场这么大，就是让你奔跑的！

题目对错怎么能让家长来检查

　　再说说做回家作业这件事。现在小朋友回家做完作业，家长都要在作业本上签上自己的大名，以表示看过孩子完成的作业了。我始终是这样认为的，但实际并不如此。有一次，儿子做完数学题后叫我签字。我问他做好了吗，他说是的，我就在本子上签了名。

结果第二天，他做的 25 道题错了 7 道题，老师就在本子上给我留言了，说："家长检查过吗？"后面加了一个很大的问号。我一看就火了。这题目对错怎么能让家长来检查？我只负责监督儿子是否完成作业，至于做得对不对，应该由老师来检查，为什么要我检查？我如果把题目全部检查好，这不是越俎代庖吗？还要老师干什么？老师还怎么知道上课的教学质量究竟如何，哪些知识是学生不懂的？再说，如果学生家长的文化程度不高，不会做这些数学题，那你老师怎么办？我就在老师的留言下面写了两个字："不懂！"还加了一个大大的惊叹号，怼了回去。

错一个字要罚抄唐诗多少遍

　　还有一次，大概是进入初中预备班了，儿子晚上回来说今天有很多唐诗要抄写订正，从 8 点半开始，一直抄到 10 点还没有结束。我吃不准了，哪有订正唐诗两个小时还没有结束的？又不是创作唐诗！

哪有订正唐诗两个小时还没有结束的？又不是叫你创作唐诗！

他说老师规定了，哪里默错一个字，就要抄写整首诗 5 遍。我的天，错了 20 个字就要罚抄 20 首诗，每首诗还要抄 5 遍，要抄 100 遍！这不是体罚学生吗？儿子是不争气，没有全部默对，但这样处罚学生未免过分了。我当场就对儿子说："这事主要是你的责任，你自己学习不认真，造成了今天这样的后果。这样吧，剩下来要订正的，不抄整首诗了，每一个错字订正抄写 5 遍，再默写一遍，对了就够了。"

儿子面露难色，显然不敢，我就对他说，如果老师批评你，你就说是老爸叫你这样做的，老爸还要向校长反映。

结果老师第二天中午就来电沟通了，说孩子以后愿意订正多少就订正多少。我也没多理会，当然也懒得向校长反映。

五／为什么没让孩子上补习班

周末找不到同学玩

我在前面曾经提到过，儿子一直到初一出国留学前，从没有在外面补过课，也从来不上什么补习班。不是他成绩好，他其实成绩就一般般，我是对社会上各种补习班泛滥成灾深恶痛绝。

每逢周末，我儿子要找同学玩，总找不到人，只能孤零零地一个人玩。

因为同学都到外面上补习班去了：周六上午数学，下午语文；

周日上午英语，下午才艺。太残忍了，一周 7 天，孩子们都在上

课，还有自己的时间玩耍吗？

如果孩子不会玩，未来还有什么想象力和创造力？

哪里需要这么多收费的补习班

"课堂学知识，玩耍出智慧。"我始终觉得，让孩子在学校好好读书就够了，哪里需要这么多收费的补习班在我们家长和孩子身边恶性循环？出现这种状况，要么说明我们的学校教学质量不行，需要社会力量来补救，要么就是我们在教育管理上出了岔子。我

"课堂学知识，玩耍出智慧。"
我始终觉得，让孩子在学校好好
读书就够了。

是从事财经媒体工作的，说句行业术语，就是影子银行只能是正规银行的补充，如果它鸠占鹊巢，业务量远远大于正规银行，那这个市场的风险就大了，绝对要爆掉。

我和孩子的妈妈"三观一致"

在不上补习班这一点上,我和孩子妈妈的观点立场非常统一,属于"三观一致",坚决不让他上课外补习班,即使成绩排名中游也在所不惜。

孩子妈妈曾对老师说,周一到周五儿子已经交给你们了,周六、周日我们大人和小孩都有自己的安排。我们要让他快快乐乐,自由生长。

我压根不知道"小五班"

　　一次，一位好心的朋友给我介绍了一位名牌初中的老师，我就咨询他，如果我儿子小学毕业，想进他们的学校，需要什么条件。他第一句话就问我："你儿子上过我们的'小五班'吗？"我丈二和尚摸不着头脑，忙问什么是"小五班"，还向他解释，我儿子不小了，已经五年级了。他叹了口气，用近乎鄙夷的眼光看着我说，连"小五班"都不知道，那你的孩子是很难进我们学校的。

　　他说得我脸上红一阵白一阵的，明里是说我儿子进不了他们学校，暗里是在批评我这个家长不称职。好吧，我不进你们学校总可以吧？

孩子就像一块干海绵

我一直有这么一个观点：孩子就像一块干海绵，他能在成长过程中不断地吸收各种水分。你不能过早使用填鸭式的方法，对这块海绵注水猛灌。否则，等他长大了，这块海绵就无法吸收更多的东西了。

海绵宝宝

所以，我一直坚持要让他多保留一点干燥的地方，渐进式吸收，不受这种强化教育的快速侵蚀。

课外培训有所为有所不为

当然，我们也不是什么都"一刀切"，一概反对他参加课外培训。我们也是有所为，有所不为。我不让他补的，是课堂上的文化课。

我不让他补的，是课堂上的文化课。

95

比如语文、数学、外语，我觉得那主要是由学校老师负责教给他的。我的责任是培养他多方面的才能。我出钱给他报名的课外班，是课堂上学不到的东西，能够锻炼他的身体，陶冶他的情操，比如网球班、羽毛球班，还有萨克斯演奏班。这等于是学一门手艺，让他一技在手，终身享用，他将来会感谢我的。

网球班

羽毛球班

萨克斯演奏班

学萨克斯为方便街头卖艺

记得当时对学习钢琴还是萨克斯还有过一番争论。儿子说想学钢琴，很多同学都学钢琴。我说学钢琴太麻烦，钢琴是个大家伙，不方便。

他不明白。我就问他，如果你以后失业到街头卖艺，正弹着钢琴，突然有人喊警察来啦，你怎么办？他说那赶快跑呗。我问他，那钢琴怎么办？他回答不出来了，因为钢琴搬不动。我说老爸叫你学萨克斯，那就简单多了，你拿起萨克斯就可以走，多方便。

他无话可说，乖乖就范。

六

我对孩子的培养要求其实比学校更高

中不溜秋孩子有没有可能"弯道超车"

有人问我，你为什么不大看重你儿子的学习成绩？我说我也看重啊，但他一直中不溜秋，成绩看不中我们！这迫使我不得不用一种底层逻辑去思考问题。我当然希望儿子是个学霸，这样一路上可以接受鲜花和掌声。可是现实很骨感，成绩好的孩子全都是别人家的。

如果只讲成绩排名，我家儿子就永无出头之日。像他这样中不溜秋的孩子有无可能"弯道超车"呢？我觉得有可能，我们决不放弃。我要尝试。

家庭教育要尝试超过学校教育

我仔细考量过，现在孩子接受的教育，可以分为内外两个层面：一个层面是外在的，即学校教育，由老师负责，侧重点落在孩子的学习成绩上；另一个层面是内在的，即家庭教育，由家长负责，侧重点应该落在培养孩子的综合能力上，培养他的性格、为人、素养等，教他怎么做人。

既然学校的学业教育让他处于中不溜秋的水平，那咱自家的家庭教育一定要尝试超过它。

学校教育　　　　　　　　　　　　　　　　家庭教育

现在孩子接受的教育可以分为：
学校教育，由老师负责；家庭教育，由家长负责。

综合能力培养比学习成绩更有价值

我比较看重的是培养孩子的人际交往能力、口头表达能力、受挫抗击打能力，还有一颗善良的心。我觉得这四种能力在孩子的成长教育中是最重要的，比他的学习成绩更有价值。

即便未来孩子在学业上没有什么建树，但拥有了这些能力，他以后立足社会一定会受益无穷。从这点上说，我对孩子的培养要求比学校老师还要高。

七/孩子的人际交往能力怎么培养

最担心孩子变"宅"

之前我提到了着重培养孩子的四种综合能力，即人际交往能力、口头表达能力、受挫抗击打能力，还有一颗善良的心。下面我详细说一说这四种能力。

先说人际交往能力。美国心理学家卡耐基认为："一个人的成功 30% 靠才能，70% 靠人际关系。"

一个人的成功
30%靠才能，
70%靠人际关系。

——美国心理学家卡耐基

我们的孩子未来踏入社会，很重要的一条是要会与人打交道。现在有很多小朋友甚至成年人都很"宅"，不愿出门，不愿交朋友，怕和生人打交道，整天就是上网，玩电脑游戏。我最担心的就是孩子变成这种人。

从小被鼓励多和陌生人打交道

我儿子从小就被鼓励多和陌生人打交道。暑假里只要校外有夏令营、小记者采访之类的活动，就一定报名让他参加，而且是一个接着一个，乐此不疲。我为什么要强调参加校外组织的活动？因为如果他参加校内组织的活动，大家都知道他的情况，他就永远"低人一等"，只有被动接受的份。而参加校外组织的活动就不一样了，谁也不认识谁，他心理上也没什么障碍，这容易激发他身上的潜能。他胆子大，什么都敢说，容易冒出头。

参加校外组织的活动，谁也不认识谁，他心理上也没什么障碍，这容易激发他身上的潜能。

带领小姐姐完成采访任务

记得他小学三年级寒假的时候，参加了一个小记者团的活动。辅导老师安排他们三人一组到马路上采访路人，每组要问 5 个问题，一个小时后回来交差。我儿子因为年龄还小，就与两个五年级的小姐姐分在一组。

小记者团活动

活动任务：三人一组到马路上采访路人，
每组要问5个问题，一个小时后回来交差。

五年级　　　　　　　三年级

110

一开始，他们采访不顺利。因为天气冷，而且还要问人家 5 个问题，行人都不太愿意停下来接受采访，两个小姐姐急得没辙了。这时候，我儿子出场了，他叫两位小姐姐不要急，说他想出办法了。

只是到时候要由他来提问题，小姐姐记录，因为他写字慢，来不及记。两位小姐姐听到有办法，当然都依了他。你猜他想了什么办法？只见他带着两位小姐姐跑到巨鹿路一家皮鞋店，看见一位阿姨正在试鞋，就进门把店门关上，然后蹲下来和阿姨套近乎，说阿姨你的鞋很好看，自己是小记者，想请阿姨帮着回答几个问题。阿姨看见他被冻得红扑扑的小脸，满脸真诚，想着边坐着试鞋边回答也不耽误工夫，说你就问吧。他三下五除二就把 5 个问题问好了，仅仅花了 10 分钟。

结果那天他们是第一个完成采访任务的小组，获得了优胜奖。

为这事，我在他们采访结束后，好好犒赏了他一顿，在淮海路上请

他吃了他最喜欢的冰激凌。

八/如何培养孩子的口头表达能力

培养口才比培养特长更重要

再说说口头表达能力。现在，良好的口头表达能力越来越被认为是现代人应具备的能力。培养孩子的口头表达能力，让他敢于说，善于说，对他的未来成长会产生很大的影响，这比培养所谓特长更为重要。我不明白为什么有首歌的歌名叫《沉默是金》，沉默怎么会成金？你沉默寡言，谁知道你要表达什么？人家怎么知道你肚子里有多少货？

在未来的人际交往中，孩子能说会道，善于表达，将利于他融入社会，并且能够游刃有余。

沉默怎么会成金？

鼓励多说话，不怕他啰唆

我特别鼓励儿子说话，哪怕他啰唆也不厌烦。他有一大长处，就是上课积极举手发言，即使有时候没太明白老师问什么，也敢于把手举起来，这就是他的勇气。在这方面，我从来都是不吝赞扬之辞，多多鼓励他。我经常会在他放学后问他："今天上课，你积极举手发言了吗？"每次他都很骄傲地回答："举了，就是老师不肯每次都叫我。"

"锄禾日当午"赢得满堂彩

有次上语文公开课,老师教小朋友记字。提到"香"字,老师问这个字怎么记,大家纷纷举手回答说上面一个"禾"字,下面一个"日"字,说得都没错。我儿子把手举得老高,老师却没叫他。一看课要结束了,他急得索性站起来举手,搞得上课老师很

"香"这个字我用唐诗记。"锄禾日当午","禾"字后面有个"日"字,

"香"这个字怎么记?

尴尬，因为是公开课，又不能现场批评他，只能问他有什么新方法。他说"香"这个字我用唐诗记。"锄禾日当午"，"禾"字后面有个"日"字，我只要记住这句话，就能记住这个"香"字。

他的回答别出新意，一下子赢得满堂喝彩，给老师长了脸。老师本来准备批评他不遵守课堂纪律的，也就罢了。

为杨利伟当讲解员

记得他进初中预备班后，市里办了一个中小学航模科技展，他们学校也参展了。那天突然接到通知，说第二天航天英雄杨利伟要来参观。学校准备安排一位初三年级的大队长去讲解，但校长看了后觉得不满意，太拘谨，书卷气太浓，不够生动。也不知道谁推荐说预备班有个小男生很会说话，校长说那就把他叫来试试，当个"备胎"。我儿子就这样成了第二天接待杨利伟的后备讲解员。

太拘谨，
书卷气太浓……

那就把他叫来试试。

校长，
我们预备班有个
小男生很会说话。

其实我儿子根本就不是学校航模组的成员。第二天，杨利伟真的来了，他在上海交通大学党委书记的陪同下，和一大群人一起来到我儿子学校的展台。那位大队长好像没见过这么大的阵势，有点怯场。校长当机立断，点将我儿子上。

我也不知道他有什么神功，也就匆匆准备了一个晚上，就在大庭广众之下，在航天英雄杨利伟面前，面不改色心不慌，轻松自如，侃侃而谈，高兴得校长把我儿子现场讲解的照片作为她电脑屏幕的照片，整整挂了一个学期。

九

孩子需要强大的受挫抗击打能力

受挫抗击打能力远比成绩好意义深远

接下来说说受挫抗击打能力。我碰到过不少年轻人，他们的心理脆弱得无以复加，几乎无任何承受挫折的能力，都是"玻璃心"；一点听不得批评，一点受不了挫折；一被家长数落就出走，一被老板批评就辞职。有的人甚至为一点点小事就想不开，走上绝路。这方面的社会悲剧越来越多，对社会和家庭造成极大的伤害。

现在很多年轻人都是"玻璃心"。

我特别注重儿子心理承受能力的培养。他在班级里的学习成绩排名始终在中游徘徊,我不批评他,非但不给他施压,相反还表扬他是全班最聪明的;说他从不上补习课,如果上了补习,就有可能是第一名。这让他自我感觉相当好。有的时候,在某个领域让孩子拥有充分的自信,可以帮助孩子更好地面对其他方面的失败。

在某个领域让孩子拥有充分的自信,可以帮助孩子更好地面对其他方面的失败。

我觉得家长关注孩子的成长,不应该只盯着成绩这杆尺,塑造积极的性格,培养受挫抗击打能力,这对孩子成长的影响远比一时的成绩好坏更为深远。

竞选屡战屡败还会得到夸奖

不过，关于受挫抗击打能力，他倒是有点天生的，不用我多操心，因为他整个小学就是在被批评和受挫折中度过的。你想想，他年年竞选小队长，年年失败。但他从来不当一回事，没有思想包袱，屡战屡败，屡败屡战。而他每次败选回来，还能够得到我的夸奖，我说古人的"穷且益坚，不坠青云之志"，就是为他写的，他在老爸心里是真正的男子汉。

而他因为调皮捣蛋，违反纪律，放学被留下来"关夜学"（沪语，意为"放学后被老师留下来谈话"）更是家常便饭。所以，一般的挫折和批评对他来说根本就不是问题。

听到的批评耳朵里不能多放

有一次我去接他放学，其他同学都排队出来了，我左等右等不见他人影。大概过了半小时，他一个人出来了，我发现他在偷偷地抹眼泪。他没想到我会在校门口接他（我平时很少接他放学回家，一年也就一两回），马上把眼泪一抹，说："爸爸，你怎么来接我了？咱们走吧。"我估计他肯定是犯了什么错被老师狠狠批评了，不然不会伤心得流泪。但我没有提起，而是和他说，爸爸小时候也经常被老师批评，但我做到"一只耳朵进，一只耳朵出"，耳朵里不多放；有则改之，无则加勉，从来不留在心里。估计他当时未必能听懂我后面说的这句成语，但见我根本不提被批评之事，还叫他"一只耳朵进，一只耳朵出"，觉得很新鲜，马上就破涕为笑，拉着我的手蹦蹦跳跳地回家了。现在他应该已经不记得自己一边抹眼泪一边出校门这件事了，但这一幕却一直留在我的心底，印象很深，因为我知道他心里有分寸。

十 / 拥有一颗善良的心比聪明更重要

最后说说拥有一颗善良的心。无论人之初"性本善"还是"性本恶",如果家长不加以教化,不培养孩子拥有一颗善良的心,那孩子以后就很可能会变得自私冷漠,不近人情,变得和这个社会格格不入。亚马逊创始人贝索斯曾说过:"善良比聪明更重要。"而懂得善待他人、关爱他人的孩子,常常也是一个乐于助人、慷慨大方、富有同情心的人。

善良比聪明更重要。

——亚马逊创始人贝索斯

善良的品质需要导入

　　我们是比较有意识地引导和培养孩子这方面素养的，因为善良的品质需要导入。所以，在他三四岁的时候，他妈妈就买了很多童话故事和世界名著的广播剧录音磁带，每到他上床睡觉的时候，就让他边听边入睡，通过这些经典故事，帮助他树立正确的价值观。

安徒生经典童话故事
《卖火柴的小女孩》

每当他听到故事《卖火柴的小女孩》，就会嘤嘤啜泣，说卖火柴的小女孩真是太可怜了！所以，两年前的圣诞前夜，当人们都在庆祝平安夜吃圣诞大餐的时候，他在 QQ 空间发了一个"今天是卖火柴的小女孩被冻死 170 周年"的图文，一下子有 38 万人点赞。看来小时候的影响很深远。

 哈哈
12月24日

 QQ空间

今天是卖火柴的小女孩被冻死170周年

 38万人觉得很赞

坐车忘给老人让座被狠批并道歉

还有一次，我和他坐公交车，因为车子比较拥挤，我和他分别坐在车厢两旁的座位上。即将到站的时候，我发现他在闷头打游戏机，而他旁边正站着一位六十多岁的老奶奶，他居然一点没发现。

而我因为和他隔开一段距离，车上人又多，不便当场在车厢里叫他，但下车之后我就狠狠地批评他。我问他见到旁边有一位老奶奶吗，他说站起来的时候才发现。我说你作为一个健康少年，在车上给老年人让座是天经地义的事，这是你的基本素质。你今天玩游戏居然忘了给老人家让座，我们平时对你的教育到哪里去了？不管什么理由，你的表现都让老爸感到失望。我整整批评了他十多分钟，结果他向我道歉，说不要再批评了，他知道自己错了，并保证今后再不会这样了。

做慈善让他学会关心他人

在他读小学的时候，他妈妈带他参加了电视台的"闪电星感动"慈善捐助活动。我们的主要目的是让他学会关心他人，关注弱势群体。要让他知道，虽然自己今天的生活条件很好，但还有很多贫困地区的小朋友生活很艰苦，条件要比他差很多。我们要献爱心，多做善事，帮助他们。他把自己的压岁钱、零花钱集中起来，再动员我们给他总量加码，一共为贫困地区小学捐助了三个小型图书馆。

十一/儿子去美国读中学

从不补课的他不想"头上长角"了

儿子进入初中以后，学业越来越繁重，每天有做不完的题目、做不完的试卷，作业做到晚上 11 点以后是习以为常的事。而随着学业程度的加深，在外补课似乎成了学生的一种常态。我儿子自己也顶不住了，委屈地对我们说，他也想去补课了，他不想"头上长角"。

我们听着很心疼，不想让他小小年纪就这样当"三夹板"（沪语，意为"夹在中间受气"），于是就有了送他出国留学的念头。

阴差阳错去见美国高中校长

正好有一次聊天，有位朋友的孩子在美国读高中，听说我们也有这方面的考虑，就特别热心地帮我们介绍。

没过多久，朋友就告诉我，他儿子在读的美国中学校长到上海来面试高中生，他说已经帮我安排好见面时间了。我吓了一跳，告诉他我儿子还只是初中生，而且刚开始读初一。他大叫一声说："哎呀，糟了，我搞错了，我以为你儿子要上高中了。那怎么办？"

他说校长的见面时间已经约好了，机会非常难得，你们就当

是咨询吧。反正你儿子再过两年也要准备考美国高中的，还不如

现在先去和校长混个脸熟，万一以后准备去了，好歹也有个印象，

我们也不好回绝，就这样被朋友连拉带拽，带着儿子去和校长见面。

面试地点

儿子居然被认为是个天才

　　我们来到酒店，以为见个面很快的，我和他妈妈就坐在行政酒廊喝杯咖啡，儿子被带到一边和校长单独谈话。我们是来"打酱油"的，所以不抱什么希望，主要是为了不让朋友失面子。没想到过了半个多小时，儿子还在和校长聊，时不时还传出朗朗笑声。

我们非常好奇，问校长的中国助理，那里有翻译吗？助理说没有啊，你们儿子和校长谈得很好。我们有点匪夷所思，真想像岳云鹏那样大叫一声"我的天呐"，儿子居然用英语与美国的校长直接聊天？

助理说他胆子挺大的，大多都还能听得懂，不用翻译。

45 分钟后，校长满面笑容地带着儿子出来。我只听懂校长说的几个词，一个是说他 wonderful，一个是说他 very American style。但我对校长说，我儿子属于学习成绩中等的那种学生。校

长助理就在旁边对我说，美国的校长最看重的不是你孩子的学习成绩，而是你孩子的表达能力、交际能力和领导能力。

校长对孩子的妈妈说："你的儿子非常出色，喜欢羽毛球、游泳和足球，还写过 20 多个剧本，是个天才啊！"我们都吓了一跳，他什么时候写过剧本，而且产量还这么高？不是吹牛吧？我当场就问他，他说："没有吹牛啊，我从小学到现在，每次班级主题班会、学校文艺汇演，都是我写的小品上去表演，这些小品不是剧本吗？我还漏了和校长说我拿过一次区里的小品鼓励奖呢！"

校长允诺免考托福直升初二

我还真是服了他，关键时刻，毫不怯场；表扬自己，无边无际。校长直接问我们："你们是不是准备让他到美国去读书？如果是，那就欢迎他来我们学校。我可以让他免考托福，直接进入初二学习。我很喜欢你们的孩子。"

这一下，我们的心思活络了起来。如果他未来要去美国读高中，起码要有一年的时间准备英语补习，考出托福成绩（还未必能够达标）。现在校长亲自承诺让他免考托福，直接先进入他们的初中部，而且还是这里的初一和那里的初二无缝对接，之后可以直升高中，那对我们来说省却了很多事情，无论从时间成本、精力成本和金钱成本考虑，都是一桩合算的"买卖"。

我们问儿子你去不去美国，他说："我都能适应，我就去吧！"

食宿不愁不需要操心什么

我们想想也没有问题，学校是寄宿制中学，有学生宿舍，管理严格，晚上 10 点熄灯，一日三餐又自助畅吃。还有很关键的一点，就是儿子热情开朗，抗击打能力相当强，不需要我们操什么心。

就这样，在 2014 年 7 月，他还未满 14 周岁的时候，就只身飞赴美国，前往东部宾夕法尼亚州的 Perkiomen School 就读。

一个人拎了一只大箱子就上路了

当时我和孩子他妈妈因为工作忙，都没空陪他到美国，就送他到浦东机场。他就拎了一个大箱子，背上萨克斯和羽毛球拍，自己上路了。

他妈妈望着儿子的背影偷偷地抹眼泪，转身也拎着行李箱，在同一个机场飞北京出差了。

独守空房赋诗送别

当天晚上，我回到家里，独守空房，思绪难平，就写了一首诗送给他。

负笈一去长别离，
故园从此成相忆。
昔时古灵尚犹在，
今日青春已无敌。
雏雁孤飞弄清影，
老父独望凝舞姿。
但求万般皆平安，
早日重逢解苦思。

到美国的第一夜"饥寒交迫"

儿子飞行 14 小时，到了纽约，我们立即和他通电话，等他坐上校车行驶两个多小时后到达宿舍，已经是半夜两三点了。听得出电话那头他的声音很疲惫，也有些低落，毕竟年纪还小，人生地不熟，心里还是怕的。后来他和我们说他最早到校，整个宿舍楼

就他一个人，一整晚饿着肚子，宿舍的空调特别冷，就这样"饥寒交迫"地过了一晚，现在回想起来，我们也是非常不舍。

可是当时他什么也没说，自己扛下来了。之后同学们陆续到了，他很快就与上上下下的学长弟妹们打得火热。

在上海练的羽毛球派上用场了

说来也巧，在上海时，我家附近有家羽毛球馆，我们把他交给一位前福建队的教练学打羽毛球，想借此锻炼身体，又练得一手好球。想不到他就读的这所中学竟然有羽毛球队，这在美国是非常少见的。他顺理成章地成为校队队员，曾经代表学校与里海大学代表队进行了比赛。

独奏萨克斯大受欢迎

因为从小练萨克斯，他还加入了学校的爵士乐队，成为乐队的萨克斯手，经常参加排练和演出。有一次演出结束后，他和我们微信视频，高兴得不得了，说今天他独奏，获得的掌声最多；而且谢幕的时候，很多美国"美眉"跑上来和他握手，并作自我介绍。我说怎么样，当初老爸要你学萨克斯没错吧，他连忙点头称是。

课堂场景仿佛就是为他定制

美国中学的读书生涯与我们这里有很大的不同。比如课堂纪律，非常随意，上课就十来个学生，老师和学生围桌而坐，你高兴坐哪儿就坐哪儿，站在老师身后也没有关系。

学生和老师基本是面对面交流，上课以讨论和辩论为主，谁不积极发言，谁的注意力不集中，老师马上就能知道。

这样的课堂场景，仿佛就是为我儿子度身定制的，特别适合他这种发言积极、纪律松懈的人。

老师特别鼓励学生提出自己的观点

　　美国的学校非常重视文史哲等人文学科。学校的很多课程都是在一种没有标准答案的框架下开展讨论的，老师特别鼓励学生提出自己的观点。这种方式对学生来说其实是一种挑战，因为没有标准答案，需要学生拥有大量的课外阅读量，形成自己独立的观点。

记得有一次他在微信上告诉我，说最近正在上莎士比亚的戏剧课，而他却对莎士比亚是否另有其人感兴趣。他说他查看了很多资料，发现有很多事实能够证明这一点。我说你昏头了，上莎士比亚戏剧课，你却怀疑莎士比亚其人真伪，老师要把你骂死了。他说没有，老师还表扬了我，说允许我考试论文不分析莎士比亚作品。

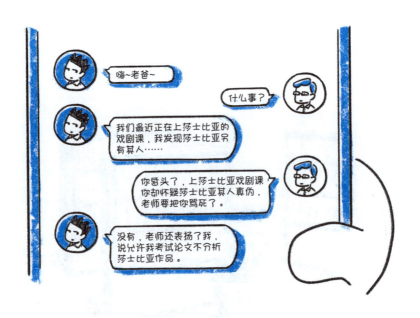

非常重视对学生思辨能力的训练

他们的考试不是没有测验试卷，但少很多，更多的是对问题的深入思考。他们考历史，不像我们这里就一张考卷，几十道题目让你按标准答案回答，而是会有针对性地出一个论文题目让你完成。

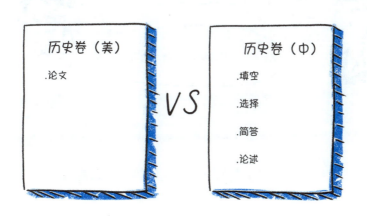

历史卷（美）
.论文

VS

历史卷（中）
.填空
.选择
.简答
.论述

他九年级的时候（美国中学是初中 2 年 + 高中 4 年，九年级相当于我们这里初三），要考一门东亚历史，老师给他的一个题目是"比较孙中山和毛泽东的民主观"。他和我联系，说老爸是学历史的，想和我交流交流。我听后大吃一惊，这哪里是一个九年级学生的历史考题，分明是我们这里硕士、博士的论文题目啊。

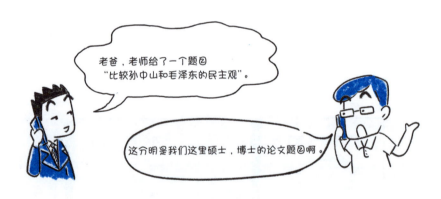

可见美国学校对学生思辨能力的训练是多么重视。

每天体育锻炼雷打不动

给我印象最深的是他们每天下午 3 点到 5 点的体育锻炼。所有学生都必须参加,两个小时雷打不动。这期间,教室、宿舍大门全部关闭。你可以根据自己的爱好,选择自己擅长的项目,比如足球、篮球、棒球、游泳、体操、羽毛球、网球、高尔夫、长跑等。

教学楼　　　　　　　　　　宿舍楼

难怪美国中学生站出来个个都健壮挺拔，阳光朝气，原来这都是每天锻炼出来的啊。

想想我们这里的体育课经常被挪作语数外主课，显得可有可无，实在是天壤之别。

不要以为在美国读中学很轻松

如果你以为在美国读中学很轻松，那是被假象迷惑了。进入高中阶段，只要你不是来混的，那大家为了进入名牌大学，拼搏也是不要命的。

白天，除了要上高中的各门课程，还要提前选修大学 AP 课

程（相当于大学一年级的课程）。如果能够通过 AP 考试，就可以获得大学学分，既证明你的学业能力，进入大学后又可免修这门课程。下午放学了，为了展示自己的多才多艺，你一会儿要参加运动队训练，一会儿要参加乐团排练，还不能漏了参加校内外各种社团的活动。晚上，老师开出的各种参考书堆得如山高，等着你阅读后整理出自己的思路，写一篇论文，或在第二天的课堂上发表独特的见解。

一天睡五六个小时是家常便饭

你一点也不能懈怠，因为你平时课堂上的表现，会直接综合体现在你的 GPA 成绩单上。恰恰这个平时成绩，是美国大学录取学生的重要依据，其重要性甚至超过了 SAT 和 AP 的分数。我经常发现儿子在凌晨一点还没有睡觉。微信过去问他怎么了，他总是说还有很多老师列出的参考书没有读完。一天睡五六个小时是家常便饭。

应该说，儿子去美国读书，我们是彻底放手了，但绝不是放弃。我相信"树挪死，人挪活"这句老话，一切就靠他自己的自觉和运气了。

十三／成功「逆袭」的制胜之道

他的进步让我觉得不可思议

一个在上海一直中不溜秋的孩子，到美国念中学后，忽然让我们感觉到一种脱胎换骨的变化，最明显的就是他的自信心大涨。他就像一只放出笼子的小鸟，无拘无束，自由飞翔。

第一个学期，他就通过了 ESL（以英语为第二语言的专业英语课程，国际学生就读美国学校的必修科目）的考试，成为这所百年学校历史上第五位在一个学期之内考试通过的初中国际学生。初中毕业时，他居然获得了学校颁发的杰出国际学生奖。

他的进步连我都觉得不可思议。想当初，他妈妈和他初中班主任说准备送他出去读书时，老师用毋庸置疑的口气说，你儿子的情商只有小学四年级，一个人出去是绝对不行的，你们家长不要抱有不切实际的幻想，气得我当场就要吐血。

一年后的今天，儿子用硬生生的成绩打破了对他的偏见。我要给儿子点个大大的赞！

帮孩子扬长避短是考验家长的智慧

进入高中阶段后，我们开始考虑他未来报考哪所大学了。尽管他和在国内时的表现比起来有了很大的变化，但毕竟与天才学霸比起来还是有不少差距，而且他有点偏科，重文轻理。这一点我们还是有自知之明的。我们要做的是帮他扬长避短，将他的优势发挥至极致。

我们要做的是帮他扬长避短，将他的优势发挥至极致。

这是考验我们家长的智慧了。我们采取了几个做法，比如：1.目标清晰；2.定位精准；3.有的放矢；4.抓"牛鼻子"；5.扬长避短……应该说目标明确，思路清晰，对他最终进入纽约大学起了关键作用。

目标清晰，寻找适合自己的大学

立足实际，不好高骛远。哈佛、耶鲁、普林斯顿、麻省理工、哥伦比亚、宾夕法尼亚等传统常春藤大学和名校，享誉世界，聚天下英才于一身，你若不是身怀绝技，聪慧过人，那就敬个礼，绕开。思来想去，既要在世界大学排行里有名头，又不像常春藤名校那样挤破头，而且城市的模样最好能和上海对上头，这"三头合一"的大学，恐怕只有位于纽约市中心的纽约大学了。这是我们一家三口达成的共识。

美国·纽约　　中国·上海

定位精准，选择专业至关重要

目标大学确定后，选什么专业就变得重要了。儿子觉得纽约大学的电影学院很有名，大导演李安就毕业于此。他说想报编剧或导演专业。而我和他妈妈希望他学管理。

他妈妈帮他分析：电影学院太有名，竞争太激烈，我们要另辟蹊径。我是干脆和他开玩笑说，编剧、导演以后出路很苦的。编剧剧本写出来，首先要有导演赏识。即便导演看中了，还要找投资方来投资，全都是求人的活。

最后，我们定下纽约大学的一个冷门专业：体育项目管理。因为我们极其看好未来体育产业的发展前景，我们期待着上海申办 2032 年奥运会。

有的放矢，舍弃一些与未来专业无关的课程

　　大学和专业基本瞄准好之后，那就必须心无旁骛，所有的准备工作都开始围绕这个中心展开。比如，高中课程的选择，尤其是大学 AP 课程的选修，只要与未来报考的大学专业没有任何关联的，一律放弃，不浪费精力。又比如，暑假报名夏校、夏令营，只报未来有意报考的大学，以示你对目标大学的忠诚与热爱。

对大学AP课程的选修，只要与未来报考的大学专业没有任何关联的，一律放弃。

十一年级时，我儿子就积极申请到纽约大学的夏校 precollege（大学预科）学习名额，与纽约大学的学生们同堂上课一个半月，还拿到了大学的 8 个学分。

抓"牛鼻子"，盯住 GPA 长期不松懈

申报大学的材料需要很多，但很关键的一点，就是要抓住 GPA 这个"牛鼻子"。其他诸如 SAT、托福等，每年可以考好多次，拼一拼都可以解决。

申报大学的材料需要很多，但很关键的一点，就是要抓住GPA这个"牛鼻子"。

唯独 GPA 是对高中连续几年成绩的加权计算，是申请美国高校的必备材料，是向大学考官展示你学术能力最有力的证据。它除了需要你平时的考试和随堂测验成绩外，还要有课堂表现、上课出勤率和按时递交作业与学习报告等好几项，是临时抱佛脚抱不出来的。因此，我们很早就提醒他决不可掉以轻心。儿子也很争气，最后他的 GPA 分值居然达到了 3.91 分，要知道最高值是 4 分，换算成百分制的话，他这三四年的综合平均成绩就是 94 分。随便换什么考官，相信都会喜欢这个成绩。

GDA分值解析

哈哈GPA分值居然达到了3.91分！

优秀	A+/A	4.0
	A-	3.7
良好	B+	3.3
	B	3.0
	B-	2.7

扬长避短，提炼出最有价值的亮点

申请大学，就是要把孩子身上最有价值的亮点提炼出来，以展示他的与众不同。比如实习履历，我们提到他曾经在多个大型国际文化体育赛事中实习过，接待过姚明、李宁、周杰伦、EDG电竞战队等明星。

比如口才交际，我们提到他在 2018 年元旦之夜，曾经代表上海几十万开始步入 18 岁成年的"00 后"，担任上海电视台《新闻夜线》的直播嘉宾。在 20 分钟的节目中，他与主持人谈笑风生，轻松幽默，充满朝气，获得了极大的好评。

我们尤其提到了他的商业创意头脑。他曾经在十年级的时候和妈妈一起在纽约看了一场《权力的游戏》现场音乐会，受到启发，忽发奇想，给游戏开发巨头暴雪娱乐公司写了一份长达 33 页的商业计划书，建议他们将线上的"魔兽世界"等几部游戏的场景及音乐搬到线下，搞一场沉浸式展览，立体化打造 IP 产业链。

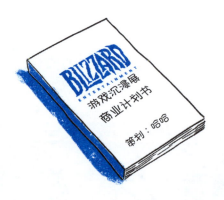

自我膨胀到要退学创业了

　　想不到暴雪娱乐中国公司还为此专门开会探讨。这下还闹出一个笑话：因为和暴雪娱乐公司取得了联系，他有点受宠若惊，继而开始自我膨胀，最后诞生了一个疯狂的念头，和我们说准备退学创业了。

爸妈，我准备退学创业了！

视频通话中……

我说你这次"无轨电车"开远了，你以为自己是比尔·盖茨、

扎克伯格啊？人家是考进了哈佛大学后才辍学的，都是有功底的。

你现在连高中都没上完就想辍学，凭什么啊？

他妈妈也和他说，你现在要退学创业，可以，我们不反对，但你先把这几年我们给你付的学费挣到手还给我们再说。他这才收了心。

结语

　　好了，有关我这个中不溜秋儿子的故事，唠唠叨叨，断断续续说了这么多，也该收场了。可能很多父母会觉得我们太狠心，孩子年纪小小就被"扔"到了国外。而实际情况证明，孩子远比我们想象的坚强，其实很多时候是我们家长不愿放手。

孩子远比我们想象的坚强，
其实很多时候是我们家长不愿放手。

我们比较清楚，隔空教子，放手不是放弃。孩子不能依靠父母一辈子，父母最终是要放手的，让孩子成为一个独立的人。

跋

妈妈的话

2018 年 12 月，儿子刚刚过完 18 岁生日，便收到了美国纽约大学的提前录取通知书。先生激动万分，才下心头却上笔头，把点滴往事和心得凝结成文。哪知这篇简称为"中不溜秋"的文章，经微信公众号传播，引发了一阵共鸣。如今，这篇长文配上了 100 多幅漫画即将出版问世，儿子恰好 20 岁了。在他弱冠之年，作为"前世欠他"的母亲，我也想说几句"妈妈的话"。

时光倒流 20 年，一个喜欢工作比喜欢孩子多的女人，在千禧本命年结婚怀孕生子，一口气完成人生大事，也是蛮拼的。一个怀胎十月吃啥吐啥，一心想要女儿的孕妇，居然在半夜梦到腹中男儿被一觉惊醒，难道真有先兆？一个历经破羊水 12 小时分娩的产妇，在拼尽全力，听到孩子哭声后，看到的竟然是一个脑袋被产道挤压成火箭形，长相完全没有遗传她优良基因的小怪物。你能体会这种心情吗？这还不算啥，一切才刚刚开始……

　　之后，我这个当妈的，一直被魔咒般的"墨菲定律"笼罩，越是担心什么，越是来什么！听说有的孩子患先天性斜颈，我就很注意儿子在襁褓中的睡姿，结果他的头还真是歪了，两个月大就开始去医院推拿矫正。担心小孩子尿床，结果儿子这一尿就是 13 年！我和先生每天半夜定闹钟两次，隔三岔五地洗床单、晒被子，从此就没睡过一晚整觉。孩子读幼儿园小班的时候，我们发现他频繁地眨眼抽鼻，现在很多小朋友都有这种现象，大人误以为是坏习惯，实则是一种内分泌失调的疾病，叫"抽动症"。我求医问药，最后选择了中医针灸，每周扎 50 针，直至一年后痊愈。还有，你不希望孩子戴近视眼镜，可他因为当时视神经发育不健全，患上了远视眼，还是戴上了矫正眼镜。哎，这些虽不是什么大病，但都属于疑难杂症，治疗周期很长。我只好自我安慰，儿子是上天派来考验我耐性的，索性顺其自然，好好修炼吧！

　　所以，反倒是他上了小学，我开始佛系教子了。一方面，为了破除"魔咒"，凡事我都往好的方面想，多发掘儿子身上的优点，加以引导和鼓励，从不吝啬掌声和表扬。一旦发现他的坏习惯就及时纠正，假如是重大错误，便逮住机会狠狠批评，一定要让他印象深刻，不敢再犯。

　　另一方面，我觉得父母是孩子最好的榜样。我的工作比较忙，平时没时间紧盯着儿子，不可能手把手教什么或是讲什么大道理。我首先做好我自己，然后引导他："看妈妈工作多努力，你努力了就有更多自由选择的权利，将来做你喜欢做的事情。人生也就三万多天，我恨不得把一天当成两天来过，好好地看看这个世界。所以说，你小小年纪哪有偷懒的道理？"

战略上要藐视，战术上要重视，教育也要讲究方式方法。申请大学的时候，我利用自己做经纪人的专业经验，帮助儿子自我定位，确定目标，实施规划，最终与他一起努力，一招命中，考入了理想的大学。

说实话，这个结果我很满意，一个连花花草草都养不活的笨女人，居然把一个孩子养大成人了，证明人还是比较好养的，做父母的不必那么纠结。而且，他还出国留学，会玩乐器，这些都弥补了我人生的缺憾。现在儿子读的专业是体育管理，主攻方向是电竞，马上就要到国际著名的游戏公司实习……用行话来说，他已经出道了！

最后，我要回答一个问题，有人问我："为什么生儿子会做噩梦？儿子不是妈妈前世的情人吗？"我想说的是，爱之深，痛之切！正因为如此，作为儿子的母亲，更要学会放手。那晚噩梦之后，我便痛下决心，我一定不能让我的儿子成为"妈宝"，我要培养他独立自主、勇敢果断，做一名真正的男子汉！在他展翅高飞、越来越优秀的人生旅途中，我不再是他需要依靠的人，他不再是我个人的，我只是为人类社会做了贡献而已！

加油，儿子！我会是你一辈子的守护神！

周谊

2020.6.10

图书在版编目（CIP）数据

我是怎样培养一个中不溜秋孩子的 / 周虎著.
— 上海:上海教育出版社, 2020.7（2020.8重印）
ISBN 978-7-5720-0150-5

Ⅰ.①我… Ⅱ.①周… Ⅲ.①家庭教育 Ⅳ.①G78

中国版本图书馆CIP数据核字(2020)第119536号

插　　画　李　凡
责任编辑　王爱军
美术编辑　王　慧
书籍设计　王　慧

我是怎样培养一个中不溜秋孩子的
周　虎　著

出版发行　**上海教育出版社有限公司**
官　　网　www.seph.com.cn
地　　址　上海市永福路123号
邮　　编　200031
印　　刷　上海叶大印务发展有限公司
开　　本　890×1240　1/32　印张 6.625
字　　数　99 千字
版　　次　2020年7月第1版
印　　次　2020年8月第2次印刷
书　　号　ISBN 978-7-5720-0150-5/G·0115
定　　价　39.80 元

如发现质量问题，读者可向本社调换　电话:021-64377165